노을빛 동행

김경태 시집

청옥

노을빛 동행

작가의 말

안녕하세요
『노을빛 동행』을 쓴 김경태입니다.

저는 올해 등단한 초보 시인입니다.
까까머리 때부터 꿈만 꾸던 시인을 환갑이 훨씬 지나 경로우대증(?)이 나올 만큼의 나이가 되어서야 시인이라는 타이틀을 가지게 되었습니다.

어린 날엔 교내 백일장에 한 번 빠진 적 없이 참가했어도 한 번도 입상한 적 없는 실력이지만 지금껏 일기 쓰듯 습작을 하였습니다.

세월 흘러 좋은 세상 만나 카톡을 접한 후로는 목구녕이 포도청이라 먹고살기 바쁜 와중에도 하루도 거르지 않고 딸내미들과 모닝 톡을 주고받고 있습니다.

글쓰기는 연필, 볼펜에서 문자로 카톡으로 세월 따라 세태 따라 모양과 쓰는 법만 바뀌었을 뿐 제 삶에 녹아든 저의 또 다른 모습이었지요.

이번 시집은 저의 파란 많은 인생경험을 바탕으로 쓴 다양한 시들 중에서 부끄럽지 않은 작품들로 시집을 꾸렸습니다.

좀 늦은 나이에 등단을 하게 되었습니다만, 저는 이 시집을 시작으로 제 인생 3막을 새로이 출발하고자 합니다.

지금까지 지속적으로 습작을 하면서 제 시에 대해 약간이나마 얻은 자신감으로 감히 독자분들을 맞으려 이 시집을 내게 되었습니다.

물론 부족하고 어색하게 억지스런 부분도 있겠지만 여러분들의 솔직한 평가를 기대합니다.

이 책이 세상에 나올 수 있도록 도움 주신 청옥문학 최경식 회장님과 문영길 편집국장님, 그리고 청옥문예대학에서 서로의 창작 경험을 나누며 항상 새로운 시각의 시창작을 하려는 동인들을 위하여 노력하시는 이석락 부회장님 두루두루 감사합니다.

제 청춘은 지금부터 시작이고
그 첫 발걸음이 될 졸작이지만
『노을빛 동행』을
여러분께서 많이 사랑해 주시길 바랍니다

또한, 앞으로 계속 엮어 나갈 제2시집에는 25년 군대 생활과 20년 직장 생활 동안 경험을 바탕으로 보다 다양한 사회 경험을 하면서 직, 간접적 연애담, 인생담, 경험담을 바탕으로 한 시적詩的 세계로 세대를 막론하고 누구나 공감할 수 있게 최대한 가감 없이 글에 녹여 살아 있는 시로 만들고자 합니다.

독자 여러분들의 계속적인 응원도 부탁합니다.

저자 김경태

목 차

▎작가의 말

제1부

13 ··· 25현 가야금
14 ··· 가신 임
15 ··· 가을비
16 ··· 갈대의 노래
17 ··· 계절 편지
18 ··· 고요한 그리움
19 ··· 구룡포
20 ··· 궁상 혹은 청승
21 ··· 그림자
22 ··· 그저 좋은 사람
23 ··· 기다림
24 ··· 기일忌日
25 ··· 길동무
26 ··· 길채비
27 ··· 까마귀 울면
28 ··· 나만 울고픈 날
29 ··· 내 맘에 장미
30 ··· 내 사랑 하늘 천사
31 ··· 내 이름은

제 2 부

35 … 내가 좋아하던 넌
36 … 너 없는 자리
37 … 노을빛 동행
38 … 늘 같진 않지만
39 … 다시 만나면
40 … 단비되어
41 … 달 없는 밤
42 … 대원정사
43 … 들국화
44 … 멍하니
45 … 명품
46 … 모닝 운동
48 … 무화과
49 … 미련
50 … 미운 그리움
52 … 민들레
53 … 바람 보러 가자
54 … 밤에 핀 희망
55 … 벌초
56 … 별 세는 밤

제 3 부

59 … 별빛 아가에게
60 … 보름달
61 … 봉황대 아라리
62 … 붉은 소나무
63 … 비
64 … 비 오는 밤
65 … 빵점 하루
66 … 사랑 그까이 꺼
67 … 사랑앓이
68 … 삼팔선에 봄
69 … 상추 꽃대 비빔밥
70 … 생일
71 … 세월 잊은 만두
72 … 수박
73 … 수박, 참외 그리고 토마토
74 … 수채화
75 … 승무
76 … 아부지의 봉급날
78 … 애기 거미 나온 날
79 … 어느 노병의 소망

제 4 부

83 ··· 어떤 용기
84 ··· 어떤 허무를 위하여
86 ··· 어울림
87 ··· 엄니 생각
88 ··· 여름 그리기
89 ··· 여름 길목에서
90 ··· 여름 아침
91 ··· 여름 왔다
92 ··· 여름비
93 ··· 연가戀歌
94 ··· 열무꽃
95 ··· 옛날 사진
96 ··· 옥수수는…
97 ··· 외로운 설렘
98 ··· 요술 거울
99 ··· 우리 바다로 가자
100 ··· 의미
101 ··· 자갈치
102 ··· 자두 몇 알
103 ··· 자비향慈悲香
104 ··· 장마야 가라

제 5 부

107 … 제비꽃
108 … 주말 부부
110 … 지금이라도 사랑을
111 … 추억 한 장
112 … 출근하기 싫은 날
113 … 춤추는 삼겹
114 … 친구 찾기 앱
115 … 친구에게
116 … 칠석
117 … 콩과 옥수수
118 … 통장은 텅장일지라도
119 … 피 보러 간다
120 … 하늘 캔버스
121 … 하얀 발자국
122 … 햇살 좋은 날
123 … 행복 추억
124 … 허무
125 … 회사별곡
126 … 희망 내일

제1부

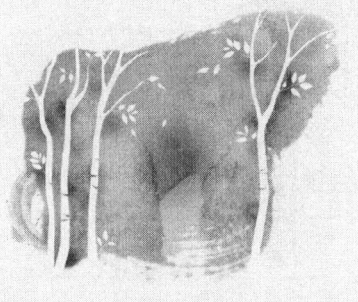

第Ⅰ部

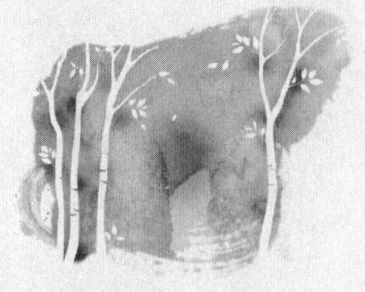

25현 가야금

햇살 좋은 날
봉황대 둘러싼
연화지에
가야금 맑은 음이
나비 되어 날아 오른다

더위 지친 연꽃도
음률 취해 조누나

25현 줄 타는
나긋한 손끝에
환희가 피어나고
나비들이 모여들어
음율에 맞춰 군무를 춘다

음율에 취해
마음만 날아 가는 몸이
저 나비에 섞여 날려면
얼마나 가벼워져야 할까

가신 임

바람 같지 않은
실바람에도
꽃잎은 흐느낀다

외로운 내 마음엔
찬바람만 일고
별보다 먼 곳으로
가버린 임은
다시 올 기약 없는데

먼 옛날 전설처럼
사랑이란
진정 눈물인가요
그리워도 보고파도
만날 수 없네

가신 임 그리워
실바람에도 옷깃 여미네

가을비

젖은 풀잎 위로
또 비가 옵니다
가기 싫은 여름의
악다구니 같은
뜨거운 바람 타고
비가 옵니다

이 비가 그치고 나면
진짜 가을이 오겠지요
울긋불긋 단풍 든
산야가 손짓하고
괜히 텅 빈 가슴엔
헛바람도 들고

그래서
괜히 밤 열차 타고
먼 길 가고픈
그런 가을이 오겠지요

갈대의 노래

형산강
굽이도는 작은 모래밭 한켠에
갈바람 노닐다간 그 자리에
손가락으로 그린 그 약속
지금도 그 자리에 있을까

갈잎의 노래 따라
자맥질 놀던 친구들도 가고 없는
자그마한 백사장엔
덩그마니 추억만 남아 있는데

우리들의 하 많은 사연들도
모래알 숫자만큼 밟히는데
손가락 약속도 없고
너도 없는 강가엔
갈대 노래 소리만 구슬프구나

계절 편지

계절은 또 오고
바람도 먼 길 돌아
다시 왔구나

붉은 단풍 잎사귀에
적어 보낸 사연들
그 하고많은 이야기들
이젠 부질없지만

그래도
네가 보고파
나 또 이렇게 네게 편지를 쓰네
잘 지내지?

고요한 그리움

안개비 그치고
조용한 옹달샘에
낙엽 하나 떠간다
바람이 띄웠나
퍼져가는 파문 그 고요한
그리움 같은 물결 위로
하늘 가르는 애기 구름도
내려다보는데

불현듯 그려지는
그리움 하나 있네
파문 따라 일렁이는 저 얼굴
누구였더라
저미는 아련함에
괜히 그리운 그 사랑에

또 멍하니
낙엽만 바라 본다

구룡포

한 발 두 발 시간을 돌려
한 조각 두 조각 추억을 줍는다
파도에 씻기우고 바람에 쫓겨
이젠 잔향조차 없겠지만
눈으로 맘으로 쫓는다

시대적 흐름 따라
건물도 도로도 포구도 사람들도
모든 게 다 바뀌었을 테지만

코끝에 감기는 비릿한 바다 향과
울어 예는 갈매기 날갯짓
그리고 수평선 그 너머에서
벌겋게 올라오는 태양에 나를 맞춘다
그때처럼 가슴이 괜히 벅차오른다
건너 뛴 세월만큼 격정적이진 않지만

그래도 난 지금 구룡포
그때 그 자리에 있노라고
내 청춘이 머물다 간 40년 전 그 자리에서
젊디젊은 나에게 말한다
"내 청춘은 지금부터다"

궁상 혹은 청승

별도 달도 잠든 밤에 궁상인가 청승인가
야심한 시각
찾는 이 없는 공원 한구석에서

춤사위도 아닌 것이 운동도 아닌 것이
허위적이는 팔다리가 제대로 가관이로구나
연출자도 각본도 없으면서
리허설이라도 한 것인 양 긴 시간 잘도 노누나
민망스런 몸동작이야 꼴깝이라 하더라도
같은 동작 되풀이가 싫증도 안 나는가
다시없을 눈요기라 보기는 한다만
용쓰는 모양새가 어찌 저리 애처롭나

그저 추억밖엔 할 수 없는
청춘에 대한 미련일까
덧없이 가버린 세월에 대한 한탄일까
부질없이 늘어진
뱃살이 원망스럽지 않을까
그저 보기만 할 뿐인데
가슴 한켠이 먹먹해짐은
언젠가의 내 모습이 예견되기 때문이려나
졸고 있는 가로등 밑에 눈물 같은 이슬만 겨워하누나

그림자

촉 낮은 가로등 기지개 켜듯
어둠을 사르며 하나둘 불 밝히면
길게 누운 그림자 하나
뉘 꺼였던가

낮살이* 친구가 흘렸었나
몽매간에 그리던 잊혀진 이름처럼
마른 듯 야윈 듯
눈에 익은 저 그림자

세월의 뒤안길에 감춰두었던
까아만 눈물 젖은 추억이어라

가슴으로만 기억되는
차디찬
젊은 날의 내 그림자

* 낮살이: 낮에만 살거나 있는 사람이나 물건.

그저 좋은 사람

아파도 힘들어도
마음으로 웃을 줄 아는 사람
그래서 눈웃음이 푸근한 사람
그래서 그저 좋은 사람

자기를 낮출 줄 알고
남을 배려 할 줄 아는 사람
그래서 온기 같은 향기가 있는 사람
그래서 그저 좋은 사람

형 같고 동생 같고 누나 같고 누이 같은

아지 못할 따스함에
그저 생각만으로도 흐뭇해지는 사람
그래서 그저 좋은 사람
내가 꿈꾸는 사람

그저 내가 닮고 싶은 그런 사람

기다림

사박 사박
임 오시는가

닫힌 문 제쳐 열고
임 마중 서두르네

비 오는 어둔 밤
행여 집 못 찾을세라
호롱불 밝혀 들고
문전에 기다리는데

야속한 비는 쉼 없이 내리고

내리는 빗방울에
머리가 젖고
얼굴이 젖고
마음이 젖고
눈물이 젖도록
기다리는 임은 기별도 없고

사랑 사랑
비 님만 하염없이 나리누나

기일忌日

삶의 더께*에 찢긴 아픈 가슴도
아비란 이름 속에 감추시고
유행가 한 자락으로 흘려내신 아버지

가족이란 이름의 무게로
짓눌린 야윈 어깨 위에
속울음 같은 석양빛이 내려앉을 때도

홀로 남은 외로움까지 한잔 술로 털어내신
당신의 아픔을
못 본 척 외면했던 철부지 못난 아들은

이제 당신만큼 세월을 먹고 나니
몰래 삼킨 한숨 같던 그 아픔을
그 숭고했던 무한 사랑을 이젠 알 것 같습니다

당신이 그립습니다 아버지
깊어가는 밤만큼 당신이 더 그립습니다

* 더께: 몹시 오래된 물건에 겹겹이 쌓인 거친 때.

길동무

쉽지 않고 힘든 삶에 가끔이지만
말 나눌 수 있는 너라는 길동무 하나 있어
나 덜 힘들어

어쩌다 빌린
네 어깨 덕에 지친 몸 추스를 수 있었고
시린 손 잡아주던 너의 뜨거운 가슴이 좋았다
그저 묵묵히 따라주던 너의 싱그런 미소 하나에
내가 가는 길 고되지 않았어

울고 웃는 삶의 길에
넌 참 고마운 길동무야
아직 얼마나 남았을지 모를 인생길
어차피 앞서거니 뒤서거니 갈테지만

우리 따뜻한 눈물 한 방울 정도는 남겨 두자꾸나
언젠가 맞이할 그날을 위해

길채비

누군가는 애타게 기다렸을
단비가 촉촉히 내린다
가로수도 지나치는 차들도 젖어 있다

난 어둠처럼 젖어드는 이차선 아스팔트 위에
우산만큼만 가려진 세상 속에 서있다

언젠간 훌쩍 떠날 이 거리에
난 얼만큼 와 있을까
걸어온 발자국조차 눈물에 젖어 보이지 않지만
이 우산만큼의 미련은 있지 않을까

빈손으로 나서 지금 무엇이 얼만큼 있나
먼 길 갈 때 어차피 갖고 가진 못할 거
하나씩 버리고 가면 어떨까
그럼 쉽게 훌쩍 갈 수 있겠지

앞으로 얼마나 남았으려나

까마귀 울면

섬돌엔 아직 이슬도 남았는데
동트기도 전에 까마귀 울고 있네
까마귀 아침부터 울면
왠 종일 재수가 없댔는데

어머님은 괜찮으신가
어디 편찮으신가
딸내미들한테
무슨 일이 있는 건 아니겠지
사돈에 팔촌까진 아니더라도
저번에 아프다던 친구까지
전화하고 까톡하고 해장부터 부산하다

출근 준비 바쁜 와중에 안부 인사 풍년이로다
간만에 긴 인사치레로 출근이야 늦었지만
마음만은 안심이다

까마귀야 고맙다

나만 울고픈 날

할 일은 태산인데
해야지 해야지 마음은 앞서는데
멍한 육신은 이 자리에 붙박혔다

사람들의 웃음소리
자동차 소리
라디오 노랫가락
무심히 스쳐 지나는 도심 속 시간 속에
나 홀로 정지된 공간에 웅크리고 있다

시간의 다리를 건너
사라져 버리는 희미한 기억들

노을 진 붉은 하늘 위로 새 한 마리 날고
허망한 오늘 하루가 어둠 속에 스러져간다

내 맘에 장미

영롱한 이슬 반짝이는
피보다 더 붉은 장미야
그 교태로운 사랑을
커피 잔 든 손으로야
보듬을 수 없어
그저 이렇게 바라만 본다

모카 향보다 감미로운
정열의 붉은 향기야
그 뜨거운 입맞춤에
붉게 취한 나는
이제 커피 맛을 잊었노라

햇살 좋고
실바람 좋은
유월의 어느 날
늙은 청춘의 가슴에

문득
장미꽃이 피었다

내 사랑 하늘 천사

새롭게 하늘이 열리던 날
선물처럼 내게 온 하늘 천사
내 사랑

네가 웃으매
세상 고민 걱정 바스러졌고
네 꼬물거림에
내 심장 세차게 뛰었고
붉은 피 휘돌았어라

너의 첫 울음소리에
나 다시 태어난 거야
너 때문에 다시 살 거다
핏덩이 내 사랑아

거친 세상 모진 풍파
다 내가 맡으마
너는 건강하게 현명하게
크게크게 잘 자라라

늘그막이 내 사랑아

내 이름은

디룩디룩 살이 쪄서
둥글디 둥근 몸매
혹여나 날씬해 보일려나
남 몰래 녹색 줄 몇 줄 흘렸네

남들이 뭐라 해도
속으로만 삭힌 불타는 열정은
한여름 태양을 삼켜 발갛게 익었다네

차마 내보일 수 없는 속앓이로
까맣게 익어가는 씨앗들까지
녹색 옷자락 속에 꽁꽁 숨겨 두었다네

내 이름은
내 이름은 수박일세

제 2 부

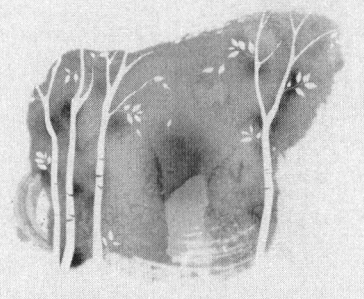

내가 좋아하던 너

웃을 때 살포시 내려앉는
눈썹달이 너무 멋졌고
그저 짓는 미소 하나도 백만 불짜리였어
그 누가 뭐래도 그땐 그랬어
세상 제일 귀한 그 무엇이라도
바꾸지 않을 만큼 좋았어

네 숨소리에 가슴 기대면 그냥 잠들고 싶었어
그런 네게 내 지친 영혼과 육체가
녹아들고 싶었어
따스한 고향의 향수 같던 네게
온전히 날 맡기면 그저 행복이었거든
아련한 그리움을
가슴에 온전히 품고 있던 너였지

미워할래도 미워할 수 없는 넌
내 젊은 날의 고향이었지
이젠 되돌아갈 수 없지만
넌 내 행복의 원천이었던 거야

늘 가슴에 남아 그리운 사람아

너 없는 자리

항상 빈 네 자리
그저 그렇게
지나쳐 버렸던 그 자리
뒹굴고 구른 세월 덕에
그 자리가 아플 줄은 알거늘
차마
오라 하지 못할 그 말

사랑했다고?
너 없인 못 산다고?

세월이
빛바랜 세월이
너무 멀리까지 가 버렸지?

노을빛 동행

붉은 노을빛에 익어가는 세월은
수평선에 잠기는 황혼이지만
그저 말없이
어깨 기대어 주는
당신이라는 동행이 있어
나 힘들지 않았다오
따숩던 그 손길
꽃잎 입술의 그 아련한 향기
당신은 참 편하고 좋은 사람이요
우리 비록
다른 걸음으로 가고 있지만
같은 방향이기에 나 외롭지 않소

있는 그대로의 나를
온전히 비춰주는 당신이 있기에
지나온 여정도 행복 길이었지만
앞으로의 여정도 희망이라오

고맙소
노을빛 물든 길을 동행하는 당신은
내 삶의 영원한 동반자라오

늘 같진 않지만

어제처럼 오늘도 일어나고 밥 먹고
또 시간 되면 잠들지라도
뭔진 몰라도 늘 같진 않겠지요
무계획도 계획이라고 살지만
달빛에도 별빛에도
따가운 햇살에도 늘 같진 않겠지요

산다는 건
보이지도 않는 공기 먹으며 산다는 건
그런 겁니다
아마도 그럴 거야 맞아 그런 거야
늘 같진 않지만
늘 변하는 것도 없다는 거
내가 바뀌지 않는 한 늘 그런 거

그래도 늘 같지 않은 것만으로도
만족해야겠지요
불평불만은 나 말고 다른 분들이
하늘 시끄러울 만큼 하시니까요

다시 만나면

우리 집 가는
산모롱이 자락
초록 밭 사이사이
알알이 피어난
작고 예쁜 앉은뱅이
노란 꽃

나 네게 취한 듯
들었으나
잡힐 듯 잡히지 않고
홀씨로 희롱이더니
내리꽂힌 태양 빛
찬연한 부챗살 희망 사이로
먼 길 떠나려나 보다

혹여,
어데쯤서 우리 다시 만나면
한번쯤 살갑게
어우러져 보자꾸나

단비되어

누군가 애타게
기다리고 기다리던
정말 반가운 단비가
하루 종일 내리는 오후에

모카 향 커피 한 잔으로
보일 듯 잡히지 않는
그리움이라는 당신을 찾는다

잘 지내지
식사도 잘하고
건강은 괜찮아
잠도 잘 자고

단비 덕에
장미도 수국도 튤립도 국화도
흐드러졌더구나

나중에 비 개고 맑은 날
문득 쳐다본 하늘에
흰 구름 하나 외로이 날면
잠깐이라도 내 생각 해줄래

달 없는 밤

어둠이 스며드는 창가에
별들이 내려앉듯 불 밝히는 이웃들
풍경 소리 바람 소리 은은한
대원정사 밤이 깊어간다

별도 달도 없는 밤
까만 하늘 마주하면
숨죽인 귀뚤이 저 혼자 울어 예고

온몸으로 껴안는 밤공기도
점잖게 다독이는 스님의
불경 소리에 나지막이 깔리고
어둠 속에 갇힌
꽃향기도 잠에 취했는데

깊어가는 밤 따라
어둠도 땅바닥에 눕는데
새벽은 벌써 열린 문 앞에 섰다

대원정사

녹음 짙은 화지산 위로
유유자적 흰 구름 흐르고
콘크리트 빌딩 숲
휘감아 돌아온 바람도
안주하는 그곳엔

현대 도시민들의 휴식 같은
마음 수행처
대원정사 있나니

기별 없이 갑자기 찾아와도
기꺼이 반겨주는
정겨운 외갓집 같은 곳
산새 소리 풍경 소리
그리고
사바세계 참오*하는
불경 소리가 조화로운 곳

경건함과 안온함이
공존하는 가람엔
그리움도 넘실대나니   * 懺悟: 뉘우치고 깨닫다.

들국화

화병에 꽂혀 있어도
음료수 병에 꽂혀 있어도
컵에 꽂혀 있어도
넌 은은한 향기가 매력적인
들국화이다

어느 날
네가 야산이든 들판이든
쓰레기통이든 어디든 버려지면
넌 쓰레기다

내가 그렇다
별 볼일 없는 들국화

멍하니

스멀스멀 피어오르는
안개를
나 멍하니 보고 있다

옹달샘 밑에 불을 지폈나

천천히 하얗게 피어나
나즈막히
사방팔방 젖어간다

별도 달도 나도 잊고
라이트 불빛 앞에
춤추듯 일렁이는
하얀 유령 그림자에 홀렸다

옹달샘 가에서
나 멍하니 꿈꾼다

명품

입던 옷이면 어때요
깨끗하면 되지요
시장 표 옷이면 어때요
해지진 않았잖아요
스타일이야 차이도 없는걸요
오히려 더 질겨
더 오래 입을 수도 있는걸요

명품이 뭐 별건가요

당신은 자체가 명품이라
뭘 입고 뭘 걸쳐도
끼깔* 나잖아요
겉치레가 비싸다고
그 인간성이 값어치 있는 건
아니잖아요

당신은 오늘도
빛나는 인생인걸요 머

* 끼깔: 태깔.

모닝 운동

습관처럼, 버릇처럼 새벽같이 일어나
룰루랄라 운동 간다
쓱쓱빡빡 구석구석 샤워하고 칙칙챱챱 뿌리고 처바르고
이 옷, 저 옷 재보고 이 모자 저 모자 써보며
거울 앞에서 운동 간다

어제 온 재능 기부 트레이너 색시 때문은 아니다
순전히 내 건강 때문이다
때 빼고 광낸 것도 아니잖아?
매일 하던 세수고 매일 차려입던 옷인 걸
샤워 후 스킨은 에티켓이잖아?
패션의 완성은 거울 앞이란 거 기본인 거구
글고,
모든 사람들이 다 이러자나

5시 땡!!
새로 산 깜장 스니커즈에 더 가벼워진 발걸음이라
눈 깜빡하니 체력장인데
우리 동네 아줌마들이 원래 바지런했던가
체력장이 언제부터 북적였지

김형과 박형은 바닷가 산책 안 해? 석가야! 밭에 안 가?
앰프는 울고 휘적이는 춤사위는 나이트인데
쭉쭉빵빵 트레이너는 어딨노

내가 소싯적에 말여
에어로빅이니 허슬이니 파워댄스니 줌바댄스니 다 해봤는데
이건 뭐여
부르스도 아닌 것이 지루박도 아니요 그저 휘휘 흐느적이는 거여
태극권을 흉내 낸 건지 택견을 접목 한 건진 몰러두
좀 체신엔 안 맞다만

머. 요즘 트랜드라면야

무화과

성급한 여름이
따갑게 햇살 떨궈도
침묵의 돌덩이마냥
묵묵히 있었지만

우산 같은 이파리 아래
둥근 녹색 몸매 속
타는 듯 붉은 얼굴로
이슬만 먹고살아
여리고 수줍은 분홍 꽃잎

벌도 나비도
찾아오진 않지만

터질 듯 속으로만 꽃피운
나도 꽃이다

미련

또각 또각
무정한 시간은
빨리 가라 재촉하고
새벽은 벌써
저만치 달려와 있는데

뒤에 남은 미련은
가는 발길 붙잡고
북받치는 아쉬움에
잘 가란 인사도 서러워라

엎어 쳐도 메쳐도
기껏해야 일주일인데
잠시 잠깐의 이별이
무에 그리 애틋할 꼬

딛는 걸음걸음마다
보고 또 보고

동구 밖 벗어날까
다시 보고 돌아보고…

미운 그리움

상큼한 봄비는
아침부터 지금까지 쉼 없이 내리고
창문을 두드리는 빗방울에
불현듯 그려지는 아쉬운 그리움 하나
이제는 잊었노라 잊고 있었던
아픔인지 미움인지

어느 날 문득
비바람 몰아치던 시린 강가에서
잘 가란 인사도 잘 있으란 인사도 없이
그렇게 떠나간 사랑
되돌릴 수 없는 시간의 저편에서
노을빛에 반짝이던 유리조각처럼
잊을 만하면 떠오르는 그리움

이렇게 비가 오는 봄날 밤이면
공연히 네가 그리워
낙숫물 소리에도 눈물 납니다

이렇게 사박사박 사랑사랑
봄비가 밤늦도록 내리는 밤이면
창가에 얼룩지는 그 찡한 그리움 때문에
괜스레 잠 못 들어 합니다

민들레

아스팔트 위로
아지랑이 피워내는
따사로운 햇살이
싱그런 바람에
분분히 날 적에
나도 따라 먼 길 간다

하늘하늘
꽃비처럼 나는 홀씨 하나
험한 세상 한켠
짧은 진리의 삶에

강인한 의지로
고운 생명 피우더니
다시 올 다른 날에
노란 꽃 천지를 꿈꾸며

살랑살랑
바람 따라 떠도는 희망 홀씨

바람 보러 가자

하늘 가득
옥빛 채워진 날
우리 바람 보러 가자

오곡백과
농익는 소리도 듣고
풍년 들판
간지르는 바람도 보고
으악새 노래하는
가을 빛 물든 강변에서
강물의 유혹에도 취해 보자
네가 원한다면

대답 없이 고이 잠든 폰을
하염없이 보건만
오늘도 네 소식은 없구나

가을은 더 짙게
익어 가는 중인데

밤에 핀 희망

새벽 댓바람에
여리지만 곱고 아름다운
천상의 화음 들렸어요

꿈결인 듯 환청인 듯
비몽사몽 부지간에
짙은 향기로 세상 정화할
파릇한 새 생명 돋았어요

이 작은 호흡으로
이 나라를 푸르게 향기롭게
아니
온 세상을 평화롭게 할 거예요
이 조막손 사랑으로

벌초

병풍 같은 대숲竹林 지나
짙푸른 청솔 밭 지나
하늘거리는 코스모스 길 따라
유행가 한 자락 끝나면
빈 하늘 가르는 참새 지나고
솔향기 품은 바람 따르고
울 아버지 긴 잠드신 자그마한 묘소 하나 있지

잘 계셨죠 꿈에라도 한번 다녀가시지
어찌 그리 무심하셨던가요

따르는 술잔에 눈물 같은 그리움 넘치고

엄니는 걸음에 힘이 없어
험한 길 올 수 없어요
나중에라도 만나시거들랑 고생했다 다독여 주소

서투른 낫질에 삐쭉빼쭉 잡풀 남았어도
그리운 가슴은 넉넉하다 다독이고
남은 미련은 방울방울 가슴에 맺힌다

별 세는 밤

달아 자니
아니요
쉬고 있어요

별아 뭐 하니
그냥 저들끼리
수다 떨어요

달에게 물으니
별이 대답해주고
별에게 물으니
달이 대답해주네

잠도 없는 무료한 밤
삐뚤어진 마음에
괜한 심통 푸념이라

별 하나 나 하나
별 둘 나 두리
속절없는 시간 속에
나 홀로 별 세는 밤

제 3 부

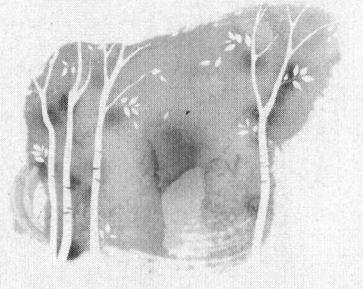

별빛 아가에게

어느 날 별빛 타고 내려온
하늘 천사 별빛 아가야
너는 엄마 품속에서 곱디고운 꿈을 꾸면서
건강하게 무럭무럭 자라나렴

궁금하고 이루고픈 꿈이야 차고 넘치겠지
하늘이 얼마나 높은지 땅이 얼마나 넓은지
바다가 얼마나 깊은지
하지만
지금 네가 할 수 있는 건 잘 먹고 잘 자라 주는 거야
욕심 없이 예쁘고 바르게 그렇게 잘 자라주는 거야

언젠가는 너도 맑은 공기 느끼고
옥빛 하늘도 볼 게야
이슬방울의 달콤함도 밤하늘 은하수도 다 만날 거야
그때까진 참을 줄도 알아야 하는 거야
네가 거친 세파를 이길 수 있을 때까지
참고 인내하며 튼실해져야지

네가 준비가 되면
땅이 열리고 하늘이 열릴 테니까

보름달

기계 소리 쇳소리 요란한
어두운 공장 지붕 위로
둥근 달은 휘영청 떠오르고
그 옛날 할머니가 들려준 이야기 속에
계수낭*도 있고 방아 찧는 토끼도 있는데

교교한 달빛도 그때와 다를 바 없거늘

해맑게 천진하던 아해는 어디 가고
세속에 찌들은 중늙은이만 허허로운가
어허 세월무상이라
내를 이룬 골진 주름은
잊혀진 영화를 그리워하고
서리 내린 백발은 청춘에 대한 미련일려나

그 옛날 그 아해의 오롯한 그림자만
등진 달빛에 길게 누웠구나

* 계수낭: 계수나무.

봉황대 아라리

하늘 솟는
물줄기 靑淸하고

사방천지 연잎은
바람에 넘실대는데

淸雅한 아라리에
숨어 드는 연꽃아

분홍빛 꽃 사위가
도도하니 곱구나

붉은 소나무

울울창창 푸르고 푸르더니
겨우 바늘보다도 더 작은
벌레 아닌 해충에 졌더냐
나 보기가 부끄러워
발갛게 붉힌 줄 알았더니
겨우 진짜 겨우
해충에 처참하게 당했더냐
그 덩치에 가당찮게

달 밝은 밤에
잠시 머문 바람에게라도
말하지 그랬냐
한번만 도와 달라고
자존심 버리고
매달려 보지 그랬냐
그랬다면 그 바람 선심 쓰듯
네게 귀띔했을 터인데

상록수로 독야청청하던
네가 그립다

비

너와 나 앉았던 그 벤치가
우리의 흔적을 지우듯
어제 내린 비에 촉촉히 젖어 있다

먼지 걷힌 하늘은 옥빛으로 푸르고
흰 구름 노니는
저편에 무지개 떠 있는데
붉게 물든 이파리 하나 바람에 흐른다

너와 나의 흔적 없는 저 벤치엔
또 다른 누군가가 사랑 얘길 엮겠지

지금 나마저 가고 나면
여긴
바람만이 휑하니 남겠지

비 오는 밤

추적이는 빗소리에 뒤척이며
잠 못 드는 데
그대 지난번에 온 것 같이
이 비에도 오실련가

괜히 두근대는 가슴은
이미 젖어 드는데
혹여 발자국 소리 들리려나
빗소리를 헤집는 밤

내리는 빗물 속에
이제나 저제나 기다리는데
길 어두워 못 오시나
애꿎은 가로등만 쳐다보네

괜히 애타는 마음만
깊이 젖어 드는데
무심한 낙숫물 소리는
시간 속을 달리고
비는 이제 그쳐 가는데

빵점 하루

붉게 타는
석양을 등에 지고
모진 하루를 접는 시간

나 오늘 무엇을 했던가

잘한 건 무엇이며
못한 건 뭣이던가
후회 같은 반성하며
상념에 들고 보니

미처 정리하지 못한
시간들이
제 멋대로 나댄다

나의 하루는 오늘도 빵점이다

사랑 그까이 꺼

먹어가는 나이만큼 익지 않고
삭아가는 내가 한심해
지난 시간 나 무얼 바랐던가
괜히 뜬구름 같은 파랑새만 쫓다가
허송세월한 게 아니었을까?

잡는다고 멈출 세월도 아니요
아쉬워도 되돌아올 청춘도 아닌데
나이 든 청춘이지만
이제라도 정신 챙기고 사랑을 해야지

어차피 알몸으로 태어나
빈손으로 가는 인생
작고 여린 가슴 더 늦기 전에
사랑이라도 채워야지

그저 그렇게 어울렁더울렁 살면서
마음 한켠 내 주는 게 무에 그리 어려울까
그냥 덜어내고 비워내고 내려놓고

넉넉한 가슴으로 사랑합시다

사랑앓이

자다가 갑자기
일어났어
문득
네 생각이 밀려와서

안개비 속에서
지워버린 네 얼굴이
너무 반갑게 다가와서
그래서 깼어

부드럽던 너의 미소
따스했던 그 손길이
너무 좋아서
그래서 깼던 거야

어떡하지
너 때문에 깨는 날엔
나 종일토록 아픈데

삼팔선에 봄

계절 따라 철새 따라
이북 하늘 가고픈 풍선
안 된다고 막겠다는 우리 정부
공포스런 풍선이 불안한 현지 주민들
그 안타까움에
눈감고 귀 닫은 우리들

휴전이란 이름의 삼팔선아
70여 년 분단된 이 나라에
호국 영령들이
지하에서 통곡한다

민족 염원 통일은 요원하기만 한데
선열들의 호국정신 계승은 어디 가고
풍선으로 우리끼리 다투나?

유월 아픈 그날은 벌써 다시 오는데
삼팔선에 봄은 언제 오려나

상추 꽃대 비빔밥

노처녀 상추 아씨
머리에 왕관 같은 꽃대 달고
부지깽이만큼 날씬하게 자라나면
뜨끈 따끈하게 목욕 재개하고요
포송포송 마사지도 받고
된장 파트너랑 축제 간다네

알콩달콩 한 바퀴 돌고
설렁설렁 두 바퀴 돌아
참기름 한 방울로 기름칠도 하고
따끈따끈 갓 지은 납딱 보리밥과
쓱쓱 비벼지고 엉켜지며
양푼이 속에서 잔치를 열지

우리 엄니 손맛 담은
꽃대 무침 비빔밥
양푼이 속 숟가락 수만큼
그 구수하고 쌉사레한 맛

그 맛 그 추억이 그립다

생일

어느 하늘 고운 날
하늘 가득 별 빛나던 밤
하늘님의 배려로
엄마의 몸을 빌어 아빠에게로 온 너는
정말 별빛 사랑이었었지

세상 축복 다 받을 오늘이
너에겐 세상이 열린 날이었지만
아빠는 세상을 다 가진 날이었단다
네가 지금껏 사는 동안
한번쯤 아빠 속상하게 한 적 있을 테고
한번쯤 아빠한테 실망한 적 없었으랴만

그래도 지금까지 아빠 딸로
예쁘게 멋있게 건강하게 잘 살아줘서 고맙고
앞으로도 세상 당당하게
천하를 휘어잡을 수 있게
잘 살아 줄 걸 믿기에 또 고마워

아빠 딸 아빠가 많이 사랑해!
생일 축하해!

세월 잊은 만두

아련한 기억 저편
신김치만 넣은 그 만두

시끌뽁작 하 많은 입들 중에
없어서 못 먹던 그 만두를

지금
서리 맞은 아들 곁에
더 세월 만난 손으로
맛있어져라 맛있어져라
우리 엄니 염불로 빚고 있다

엄니
철부지 우리 엄니
이름 잊은 아들 곁에
좀만* 더 있다가요
나지막히* 배웅하게

* 좀만: 조금만.
* 나지막히: '나지막이'의 경상도 지방말.

수박

너무 풍만하게
농익어 굴곡 없는 몸매라서
막둥이 고사리 손길에도 쩌적 갈라졌구나

그래 너무 헤프게 내보인
속살이 부끄러워 빨갛게 익었구나
그래서 칼춤 한 사위에
조각난 정절조차 붉은빛으로 찬란하구나

그렇구나 지난봄에 노랗게 피어나
어느 날 녹색 띠 둘렀더니
새벽이슬 기도로 남 몰래 성숙했었구나

잘 자라 주어 고맙다
네 숭고함을 경건히 받들어
나 더운 날 갈증 해소하겠구나

수박, 참외 그리고 토마토

실없는 매미 우는 숲속
앙상한 가지 엉성한 그늘 아래

내리꽂히는 햇살쯤이야
텀벙이는 아해들의
손짓 발짓 여우짓에 날아간다
가재도 없는 실개천
그리 깊지 않은 그 물속에
수박 참외 토마토가 같이 어우러진다

물결이 흔드는 대로
물살이 밀어대는 대로
물고기도 아닌 것이 물을 즐긴다
아해들 따라 같이 시원하게 즐긴다

잔인하지만
같이 놀던 저 아해들이 허기질라치면
너희 운명은 거기까지인 것을
산 밑에서 날아 온
칼날 숨긴 엉큼한 바람이 시원하게 지나쳐 가는

여기는 여름날 캠핑장이다

수채화

선홍색 노을이 검게 물들고
가로등 하나둘 노랗게 피어날 때
정이라는 이름의 그리움은

한 줄 두 줄
메마른 가슴 촉촉이 채색되어 간다

너와 나 그리고 별빛 사랑 하나
이 봄에 찾아온 그 사랑은
아프지만 황홀했다

그렇게 맺은 새끼손가락 약속은
멈춰진 시간 속의 기다림 되어
수채화로 남았다

승무

하늘 가르는
날갯짓 춤사위가
하이얀 버선발로
구름 밟듯 날아오르누나
꼬인 인생사 풀어내는
유려한 몸짓 안에
멈춰선 시간 사이로
미소 짓는 아픔이어라

구구절절 토해내는
고운 향기는
진분홍 연꽃 향기던가

별빛 같은 이슬이
눈가에 반짝이매
한탄 같은 그리움은
화려한 듯 청초한 고깔 아래
한 줌
바람 되어 날고
무딘 가슴 속에
고운 나비 한 마리 품는다

아부지의 봉급날

울 아부지 봉급날
시끄럽던 매미소리도 사그러들고
떼쟁이 동생 같던
여름날 땡볕도 식어 갈 때

반갑고 반가운 남쪽나라 십자성을 찾는
울 아부지 노랫가락
한 손엔 통닭이 또 다른 손엔 수박이
한잔 술에 발그레한
아부지 얼굴보다 더 반가웠지

악을 쓰는 펌푸질에 수박은 냉수욕을 즐기고
닭다리 하나로 아귀다툼 벌일 때
슬그머니 쥐여 주던 10원 동전 하나
"넌 형이니까" 싱긋 웃던 울 아부지
날개 쭉지 하나 주며 높이 날라던 울 엄니

다시 올 수 없는 그 시절

펌푸 물에 시원해진 수박 한 점이 그립다
울 아부지 땀으로 익고 울 엄니 사랑 엮은
닭 날개도 먹고프다
아귀다툼 그 맛이 그립다

애기 거미 나온 날

어느 봄날
새벽 댓바람에

창틀에서 처마로
처마에서
새싹 돋는 감나무 가지로
얼기설기
고운 실로 엮었구나

알 나온 애기 거미
행사가 부지런타
이 새벽에
밥이라도 먹었더냐

살랑살랑
바람 타는 거미줄
그 줄에 이슬방울
햇빛에 곱구나

어느 노병의 소망

햇살 따가운 어느 날
담배 한 모금도 겨워하시는
어느 노병이 전하고픈 말

군불 땔 나무나 찍고 소꼴이나 베던 내가
원하지 않았으되 살기 위해 죽여야 했고
뒤돌아볼 여유조차 없었던
낮과 밤으로 바뀌는 진지 주인
어제 같이 웃던 전우가 오늘은 싸늘한 시신으로

꿈속의 말 나눔도 사치라
매일 반복되는 악몽 속에서
악착같이 살아남았으되
영광은 잠시잠깐
산업화의 뒤안길에 잊혀진 이야기로
그렇게 역사의 뒤안길로 사라지는 현실이 슬프다

참전 전우 얼마 남지 않았고
나 또한 하늘의 부름을 받은 터
다시 한 번 조명되기를
이 유월이 가기 전에 나 소망 한다

제4부

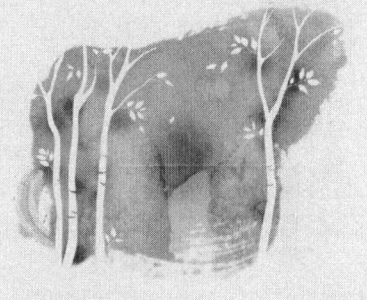

어떤 용기

어느 날
마음 아프고 힘들 때
차라리 하늘을 보자

마침
비나 눈이 와 줘도 좋겠지
흘린 눈물 감출 수도 있고
눈물 한 방울 떨궈도
모를 테니까
햇살 포근한 해님도 좋겠지
눈물 따위야
단번에 말릴 테니까

지치고 외롭고 어렵다고
달빛 그림자 뒤로 숨어
웅크리고 앉아 있지 말고
당당하게 하늘을 봐

하늘도
마주 볼 용기가 필요한 게야

어떤 허무를 위하여

누가 일부러
흘려보내지 않아도
스스로 제 갈 길 찾아 흐르는
저 자유로운 강물처럼
이제는 지치고
고단한 삶에서 벗어나
자유롭게 살고 싶다

밀어내지 않아도
어느새
이슬 맞고 서리 내린
황혼길 생인데
이제 더
무엇이 쫓아올까 두려워
허덕거리며 달리겠는가

어차피
공수래공수거 삶인데
그래도 입은 옷
한 벌이라도 얻었으니

자위하고 자찬해야건만
무릇 살아간다는 자체가
내겐 복이었거니

어울림

많고 많은 사람 중에 좋고 나쁨을 어찌 아나
누가 무슨 기준으로 나눴을까

세상 지탄을 받더라도 내게 잘하면 좋은 사람
세상 찬사 다 받아도 내게 잘못하면 나쁜 사람
누구나 하는 이분적 판단 아닌가

산다는 건 그런 것이다
나를 기준으로 행, 불행을 나누는 것
하지만 내게 하는 칭찬 속에
조소와 사탕발림이 있을 수 있고
내게 던진 불만 속엔 질시도 있겠지만
충고도 있을 수 있는데
나 그런 걸 헤아렸나

더불어 산다는 건 내 욕심을 낮추고
상대를 존중하면서
서로 어울렁더울렁 맞춰 가는 것
나 한 손 너 한 발 서로 조금 양보하고
서로 조금 배려하는 것

그것이 어울림이 아닐까

엄니 생각

나 어릴 적
벤또(도시락)엔
늘상 펼쳐진 대자연

강냉이 박힌 납딱 보리밥
무짠지에 김치 쪼가리

나도
계란 묻힌 분홍 소시지
먹을 줄 아는데

철없던 투정에 눈물짓던
울 엄니

괜히 떠오른 궁상맞은 기억에
죄송하고 미안한 엄니 생각에

나 오늘
김치 국물에 밥 말아 묵었따!

여름 그리기

종이와 붓이 있다고
그려질 여름이 아니야
따가운 햇살 하얗고, 멋진 백사장
멀리 갈매기 뜬 수평선, 부서지고 밀리는 파도
이게 여름의 전부가 아니야

뇌성 번개 일고 100년 소나무가 뽑히고
축대가 무너지고 집이 폭삭 가라앉고
돼지가 막 떠내려가고
이것도 여름의 전부가 아니야
여름은 비키니만으로도
천재지변으로도 그릴 수 없어

여름은 느낌이야

그럴듯한 포장에 가려진
햇살의 따가운 축제나 광란의 아픔만 그리지 말고
본능이 일러주는 그 느낌을 그려 봐
그게 여름인 게야

여름 길목에서

아지랑이 이글 지글
가슴을 덥히는 날
괜한 짜증 내려놓고
바람 보러 간다

오늘 일을 내일로
살짝쿵* 미뤄놓고
범생이 화투 치듯
샛바람 맞으러 간다

* 살짝쿵: 살짝궁.

여름 아침

쪼개진 햇살 하나가
앞마당에 내려앉고

손 빠르고 성급한 빨래 더미
툇마루에서 출격 준비 중이고
차려진 밥상머리엔
파리 한 쌍이 데이트 중일 때

잔소리에 등 떠밀린
삼식이는 갈 곳을 잃었고

이슬 젖은 풀벌레
갈증을 노래하는 아침
문득 쳐다본
구름 없는 맑은 하늘엔

내리꽂는 땡빛*이 아프다

* 땡빛: 땡볕.

여름 왔다

땡볕에 익은 모래가
악을 쓰고
절규 같은 매미 소리
한껏 커질 때

잔잔한 듯 음흉하게
유혹하는 바다로

딱 필요한 곳만
가린 비키니 처자와
팬티 딸랑 하나 걸친
알몸뚱이 총각이

앞서거니 뒤서거니 달린다

각도 좋고 풍경 좋고
사진 빨은 최고겠다

적당히 그늘진
파라솔이 오늘따라 좋구나

여름비

툇마루에도
장독대에도
백구 집 지붕에도
빗물이 흘러넘쳐

낙숫물 고랑 되어
줄줄 흘러
멈추지 않고 가고 있어
아마 네게로 갈 거야

떨어지는 빗방울 개수 만큼
내 그리움
모두어* 가져 갈 거야
근데
그거 다 무시해도 돼

우산 들고 내가 먼저
가 있을 테니까

* 모두어: 모아서.

연가 戀歌

어떻게 그리나
점 하나 찍고 한나절
작대기 하나 긋고 또 한나절
벚꽃은 이렇게
진달래는 저렇게 그리면 되는데
복사꽃 향기보다 짙은
당신의 미소는 어떻게 그리나

어떻게 칠하나
붓 씻어 놓고 한나절
물감 풀어놓고 또 한나절
구름은 하얗게
하늘은 파랗게 칠하면 되는데
별빛 머금은
눈망울은 무슨 색을 칠하나

그릴 수도 칠할 수도 없는
그리움이야
구구절절 차고 넘치는데

머뭇거리는 이 안타까움은
그저 가슴 저미는 사랑일레라

열무꽃

반갑다
작고 예쁜 너
이미 친숙한 넌데
많이 낯설다
그래 우리
꽃으로 만나긴
처음이구나

나물로 김치로
늘 사랑했거늘
사계절 중
특히 여름엔
더 사랑하면서도
너인 줄 몰랐구나

하늘하늘 여린
분홍 열무꽃

옛날 사진

문득 펼쳐 본 책 속에
책갈피처럼 꽂혀 있는
빛바랜 사진 한 장
어깨동무로 웃고 있는
여리고 어린 두 딸내미
가을 운동회 사진
괜한 그리움에 더해진 후회로
가슴 한쪽이 먹먹합니다

삶에 밟히고 채이느라
돌봐주지 못했던 그 시간 속에서
그래도 마냥 해맑은 아이들

그날도 겨우 김밥 몇 줄로
저들끼리 보냈던 게
이리도 아픔으로 남아 있는데
내 젊은 날의 흉터가 되었는데
이제는 훌쩍 자라
나보다 더 큰 아이들이
살갑게 그 흉터를 지워주고 있습니다

옥수수는...

첫날밤 새색시 옷고름 흘리듯
한 겹 한 겹 고이고이 벗겨요
할배보다 더 풍성한 붉은 수염
흰머리 뽑듯 한 올 한 올 솎아요

알알이 곱게 박힌 황금 이빨
달콤하게 구수하게 찹찹찹

칫솔도 되고 하모니카도 되는
빈 속대는 우리 꾸러기 전용

재롱 잔치 필수 도구요
할배 등 미는 때밀이요
안마기이자 효자손이고
꼬마 돼지 배 빵빵 용돈 자판기지요

외로운 설렘

설렘…
과연 얼마 만에 느껴보는 단어인가
소풍을 앞둔 초등 1학년 때 이러했던가
수학여행 전날 밤에 이러했던가
결혼 초야에도 나 설레었던가

옷은 무얼 입고 가나 빈손으로야 갈 수 있나
수염은 깎았나 이발소라도 들렸다 갈 거나

겨우 일주일 만인데도
견우와 직녀가 만나듯 무슨 이산가족 상봉하듯
이리도 설렐 수 있음은 나 아직도
감성이 메마르진 않았다는 겐가
아니다 감성 때문이 아니다
그저 그립다 그리웠다
아니 그리운 건 그리운 거고 난 외로웠다

굳이 발끝에 차이는
술병들의 악다구니가 아니라도 난 충분히 외로웠다
그래서 이리도 설레는 거겠지
외로웠던 깊이만큼 더 설레는 거겠지

요술 거울

거울 앞에 섰는데

중늙은이가 거울 안에서 나를 보네
손짓 발짓 눈 깜빡임까지
요망히도 나를 꼭 닮았구나

세월 발라먹고 시침 뗀 눈가 주름도
입꼬리에 매달린 야비한 웃음도
인생 고난 지고 멘 조막 어깨의 잔 떨림도
어쩜 그리 나와 판박이일까
욕심 많고 시샘 많고
가식적인 위선은 어디 숨겼나

나만의 개성 같던
넉넉한 여유와 천진했던 웃음은
어디 갔을까

우리 바다로 가자

검푸른 물결 넘실대는 바다로 가자
갈매기도 움츠러든 엄동설한에
새하얀 눈이 내려 덮혀도
더 짙게 포효하는 저 너른 가슴에
세상 설움
하 많은 미련 사연 다 털어내고 오자
저 넓은 바다는 다 이해하고
다 포용하고 다 감수할 거야

그리고 우리 홀가분하게 돌아오자
이해와 용서와 사랑으로
새롭게 다시 우리 집을 짓자
그 어떤 시련도 견뎌낼
굴강한 우리 집을 짓자
서로의 부족함 서로 나누며
거센 세파도 거친 세태도
우리 손잡고 부딪쳐 가자

저 바다를 봐 부딪쳐 부서져
하얀 포말로 남더라도
또 부딪치잖니
우리 얼마든지 다시 부딪쳐 보자
너와 나 젊디젊었으니

의미

빨간 수박 노란 수박
씨 없는 수박
똑같은 연녹색 옷에
더 짙은 녹색 띠 몇 줄
이 맛도 좋고 저 맛도 좋은데
왜 다르게 만들어졌을까

빨간 수박은
활기차고 열정적으로
노란 수박은
유쾌하게 낙관적으로
씨 없는 수박은
행운을 부르는 달콤함으로

그렇게 각자의 매력으로
험한 세상 고된 세파를 이겨 내라는
하늘님의 지혜로운 조화가 아닐까

자갈치

비린내 변함없는 자갈치
사람 향기 시끄러운 그곳엔

역시 오늘도
사람 냄새 팍팍 나고

바닷바람 비릿한 포구엔
뜨거운 햇살 무시하듯
쌍쌍 갈매기들 한가롭다

정박한 배들조차 여유로운
한여름의
수채화 한 폭이 걸렸다

자두 몇 알

사위가 조용한 밤에
자두 몇 알 안주 삼아 소주잔을 따른다

간만에 타 본 무궁화 열차
내가 누굴 닮았다나
막무가내로 쥐여 준 자두 몇 알
손사래 치는 자부의 만류에도
기어이 내 손에 쥐여 주던
그 어머니 입가엔
막내 자식에게 보물이라도 준 듯한
뿌듯함이 보였기에 차마 거절 못 한 자두

아마도 예쁜 놈으로 골라서
당신 막내 놈 주려고 따 오셨겠지
그 노구로 힘드셨을 텐데
난생 처음 기차간에서 마주한 내 손에 쥐여 주고
안도하던 어느 어머니의
그 따뜻하던 미소에
소주가 달다

자비향慈悲香

자애로운 부처님께 향기가 있다면
자비향이라 하리
온갖 시비 넘쳐나는 탐욕 찬
사바 세상에 그 향기 그득하면
이 어찌 정토 아니랴

세상사 시기질투는 당연지사라지만
부처님 자비향으로 독야청청* 하리오
부질없던 욕심으로 차곡히 채워졌던
내 맘을 덜어내고 비워냄이니
이젠 자비 향으로 채우리

영겁 진 인간사로 선방을 유별하리요
햇살이 온 산하를 누리듯 그 향기 전하리

* 독야청청獨也靑靑
  1. 홀로 푸르고 푸르다.
  2. 남들이 모두 절개를 버린 상황 속에서 홀로 절개를 굳세게 지키고 있음을 이르는 말.

장마야 가라

어느 날
어둔 구름 내려앉아
검디검은 하늘에
장대비 쏟아지겠지

날 겨냥한 번개도 던질 테고
내 고막 터트릴 천둥도 울겠지

까짓것
안 나가면 되지 머
덕분에 방콕의
자유와 여유를 누려줄게
퍼붓는 비가 그칠 때까지
맘껏 양껏 행복해 볼게

너가 지치거나 졌다는
느낌 들거들랑
얼른 얼른 가거라
나 말고 다른 분들이 힘든다

제 5 부

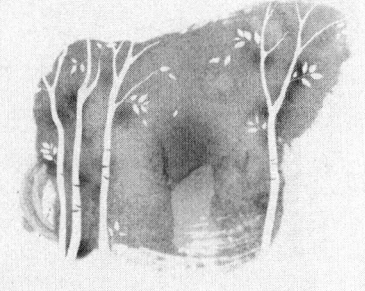

第5章

제비꽃

뭇별이 하품하는
어둡지만 맑은 새벽
눈물 같은 이슬로 멱 감고
부끄러워 고개 숙인 꽃

한가로이 흐르던 햇살이
땅에 떨어져 부서질 때까지
성실히 기다리는 겸손한 꽃

요정 날개 녹색 이파리
흐드러지게 많아도
익숙한 기다림에
날지 못하는 보라색 꿈

주말 부부

또 그 자리다 어제와 같은 자리
늘 새삼스럽게 낯설은 이 자리
그 자리에 서서
무심히 불 꺼진 창을 올려다본다
저 컴컴한 방 안엔
적막만이 오두마니 있겠지
켜켜이 쌓인 그리움은
먼지처럼 허공중에 날릴 테고

싫다!
홀로이 마주할 밥상이 싫고
지들끼리 울고 웃는 TV 소음이 싫고
텅 빈 현실이 싫다
그 무엇보다 길들여지지 않는
이 낯설은 외로움이 싫다

내 이 나이에 무슨 놈에
영광을 볼 거라고 이 청승인가
우리 돼지들의 웃음소리 그립고
우리 장군이의 해맑은 미소가 그립고
못생긴 마누라에 지겨운 바가지도 그립다

아!
일주일이 이리 길 줄 왜 진즉에 몰랐을까
이 허전함 무엇으로 달래지?

지금이라도 사랑을

먹어가는 나이만큼 삭아가는 인생이야
파랑새만 쫓다가 보내버린 허송세월

잡는다고 멈출 세월도 아니요
되돌아올 청춘도 아닌데
조금 익은 청춘이지만 이제라도 사랑을 해야지

알몸으로 태어나 빈손으로 가는 인생
작고 여린 가슴 더 늦기 전에
사랑이라도 채워야지

그저 그렇게 어울렁더울렁 살면서
마음 한켠 내 주는 게 무에 그리 어려울까

그냥 덜어내고 비워내고 내려놓고
넉넉한 가슴으로 사랑합시다

추억 한 장

흐린 형광등 불빛 아래
서랍 속에서 꺼낸
감춰뒀던 사진 한 장

노을 진 바닷가 그 벤치
눈이 커서 더 예뻤던
낙조 띤 붉은 얼굴
입가에 미소도 사랑스럽던
너와의 지난여름 추억

이젠
돌이킬 수 없음을 알지만
그래서 더 생각나는 너야
그리움이 죄는 아니잖아

출근하기 싫은 날

새벽이 내리는
어둑한 창가에서

비몽사몽 눈곱 떼며
기꺼이 가져보는
커피 한 잔의 여유

구수한 모카 향
감미롭게 달콤할 제
비로소 자각되는 월욜

아! 오늘은
한줄기 소나기가 그립다

춤추는 삼겹

습관처럼 버릇처럼
지글자글 익숙한 향기 쫓아
나 여기 서 있다

새까만 석탄이 빨갛게 춤추고
석쇠 위를 나르는 삼겹살에
주거니 받거니 넘치는 정들아
화기 애매한 웃음 속에
울고픈 나 있다

견뎌야지! 이겨야지!
눈물 뚝! 이 악물고
과감하게 돌아선 나는

'다이어터'다

친구 찾기 앱

어느 날 갑자기 전화 한 통으로 만난 넘들
언젠가 유행처럼 역병처럼 떠돌던 앱 하나 덕분에

빡빡머리 까까머리 친했던가 아니던가
긴가민가 고민도 잠시
이놈 저놈 고놈 요놈 아물 가물 기억 안주
다들 반갑다 한잔 어찌 사냐 한잔
눈만 마주쳐도 한잔 빛바랜 사진 보고 킬킬껄껄
생김도 매너도 무조건 친구라는
나 스스로의 세뇌로 한 잔 한 잔 또 한 잔

밤은 밤대로 나는 나대로 우리는 다
술에 취해 기분에 취해 추억은 그렇게 익어갔고
까만 밤을 하얗게 취하고 또 그렇게 그렇게 아침은 왔고
취몽醉夢 사몽似夢 뜬 눈에 술 취한 시체놀이 친구 중엔
그놈은 없고 내 지갑도 없고
이지러진 추억만 엉퀸 먼지처럼 남아있고

지롤, 택시비는 좀 남겨두지

털린 쭈글이들만 널부러진 방 그리고 사진 한 장
까까머리 까까머리 어깨동무 아련한 추억 속 그 소풍 사진

친구에게

힘도 빽도 없는 놈이
지고 멘 삶도 버거운 놈이
그래도 센 척하고 사느라
눈물도 사치라 여겨
늘상 한잔 술로만 털었거늘

혹여
보인 눈물 탓에
맘 약해질세라
허세만 더 키웠었거늘

돌아보면 기댈 곳 없으랴만
잘난 자존심 땜에
내민 손도 거절했지

그래
이제 가끔씩은 네 등 좀 빌릴게
친구야

칠석

성마른 쑥 연기 길게 누운 밤
쇠죽 쑤던 아궁이엔 감자가 익어 가고
부침개 내음 구수한 부뚜막엔
손맛 좋은 울 엄마 땀 찬 막걸리 거르고 있네

별똥별 길게 내리는 하늘 저편
가물대는 은하수 저 어드메쯤
까막까치는 오작교 만들었겠지
견우와 직녀는 만나면 뭘 할까
15살 발칙한 상상은
까만 밤하늘 끝을 내달렸었지

다시 온 칠석날 밤 감자 익는 냄새도
부침개도 쑥 연기도 없고
하얗게 서리 내린 늙은 청춘만 하늘가에 앉았다

이젠 덤덤한 견우직녀의 사랑 얘기를
늙은 청춘보다 더 노쇠한 울 엄만 새근새근 듣고 있다

아마, 지금쯤은 오작교 위에 계실 테지
이제 보니 울 엄마 참 곱다

콩과 옥수수

재 너머 산비탈 콩밭
병풍인 양 울타리 친
키 큰 옥수수

따가운 햇살엔 해 그늘로
심술 찬 바람엔 바람막이로

대두콩 실하게 자라라고
밤이나 낮이나 보살피네
산새가 덤비면
제 살 내줘가며 거두네

우리 누이
그 콩 팔아 대학가야 한다고

통장은 텅장일지라도

조금은 더 있다 가도 되는데
잠시 잠깐 왔다간
미련 많은 발자국만 남은 내 통장

그래도 반짝 찍힐 때의
그 안도감 그 여유로움 비밀 아닌 비밀스런
월급쟁이들의 공통된 심정이 아닐까

비록 이틀 만에 다시 텅장이지만

그래도
달달한 커피 한 잔의 여유
삼겹살에 건배할 여유
손주 놈 지폐 한 장의 여유
이런저런 여유에

삼시세끼 먹을 수 있고
다리 쭉 뻗고 잘 수 있는 난
이만하면 괜찮은 인생 아닌가요?

피 보러 간다

멀리 산야는 초록초록 조용히 평화스러운데
제일 느린 무궁화가 오늘따라 너무 빠르게 간다
하늘은 왜 더 곱고 천하 산수는
왜 태평하게 평안하냐

난 피 보러 가는데

기차 타고 지하철 타고
운명처럼 우연히 만난 그녀가
섬섬옥수 고이 내어 불같은 바늘 꽂아
쫌쫌 댓 번에 한 뭉터기 붉은 피 뽑더라

하늘은 푸지게 맑고 파랗고
가끔 지나는 바람도 시원터라

나 비록 독립운동도 만세삼창도 못 하지만
오늘 뽑은 그 피 한 방울로 세상은 못 구해도
누군가에겐 도움 되었기를

하늘 캔버스

간밤 꿈자리 뒤숭숭터니
창밖은 은백색 세상이 되었다

빨간 지붕도 없고
까만 차도 없다
늘 푸르던 소나무도
하얗게 반짝인다

내가 알던 세상이 사라졌다
여기는 새로운 세상을 엮어갈
순백의 캔버스이다

무엇을 먼저 그려야 할까

하얀 발자국

하얀 모래 위
나란히 걸어간
발자국 두 줄
곱다
아마 어깨를 맞대고
걸었을 테지
저런 젊음이 부럽다

철썩 부서지는 파도가
응원하고
밀려왔다 가는 파도가
축복할 테지

그리고 지워낸
사연들이 추억할 테고

저만치 앞서간
발자국들이 돌아온다

햇살 좋은 날

창을 밀고 들어온
햇살 쪼가리가
일어나라고 톡
날씨 좋다고 톡
오란 데도 갈 데도
할 것도 없는데
자꾸 보채며 칭얼댄다

세차나 할까
아파트주차장은 안 되겠지
공원에서 운동이나
아 운동복이 없어 안 되겠지
바닷가 산책을 할까
빈둥거리는 휴일 아침이다

기다리다 지친 봄 햇살
눈 따갑게 째려보다가
물러나는 모양새가 하릴없네
낮술 한잔하러 간 건 아니겠지
그냥 뒹굴뒹굴하기엔
오늘 날씨가 너무 좋거든

행복 추억

밥상머리 푸릇푸릇한
상추 쪼가리에서 니가 생각나
생각 없이 건네받은
커피 향 속에서도 니가 생각나
길모퉁이 버스 지나면 행여 보일까
바라봤던 니가 생각나

왠종일* 네 생각에 힘들었던
아니, 그것조차 행복이었던
그런 때도 있었지

이 나이쯤 되고 보니
그 모든 게 일장춘몽이었어라
비몽사몽 설깬 눈에
그제야 아파오는 가슴이었더라

이 나이쯤 되고 보니
이제는 보듬을 과거 사진이었고
얼렁설렁 살았던 내 삶에
그나마
한때 행복이란 추억이었더라

* 왠종일: 온종일.

허무

눈썹 아래 부서지는
따사로운 햇살은 풋풋하고
코끝을 간질이는
살랑살랑 봄바람도 싱그럽기만 하고
먼 산 아지랑이 속엔
빨간 꽃도 노란 꽃도 하얀 꽃도 만발했거늘
종다리 노니는 하늘도
파랗게 파랗게 높기만 하건만

돈에 묶인 한심한 내 신세는
이 자리에 못 박히어
그저 애처로이 하늘만 쳐다보누나
어찌타 내 신세가
이리도 처량해졌는지
내 젊었던 날이 그리 녹녹치 않았거늘
어찌타 요 모양 요 꼴인지

그저 산다는 것이 허무하기만 하고나
무엇이 나를 이리 만들었는지
그저 허허로운 헛웃음만이
그저 산다는 것이 이리 허무할까나

회사별곡

별빛이 달빛이 반겨주고
이웃집 똥개가 더 크게
반갑게 짖어대는 새벽에
밤새 떠들다 지친 TV도 재우고
바짓가랑이 붙잡는 이불도 박차고
난 오늘도 회사 간다

회사가 좋아서
첫새벽에 출근하는 건 아니다
TV하고 싸우기도 지쳤고
베개와 씨름도 지겹지만
사람 냄새가 그리워서
반에 반쪽짜리 봉급 받고도
룰루랄라 회사 간다

투박한 손이 끓여낸 커피 한 잔
황혼 녘의 희열이 여기에 있다는 것
내 나이가 되면 알지

희망 내일

봄바람이 흘리고 간
작은 사랑 하나 있어
꽃향기 넘실대는 화단
한켠에 심었어요

벌 나비도
새벽이슬도
낮엔 햇빛이
밤엔 달빛이
뜻 모아 손 모아 정성으로
곱게곱게 키웠어요

어느 햇살 좋은 날
뜻과 손과 정성으로 모인
이 작은 사랑이
큰 기쁨으로 피어나겠죠

희망이라는 이름의 내일로

김경태 시집
노을빛 동행

인쇄: 2025년 11월 15일
발행: 2025년 11월 21일

지은이: 김경태
펴낸이: 최경식
펴낸곳: 청옥출판사
인쇄처: 세종문화사

출판등록 제10-11-05호
E-mail: sik62001@hanmail.net
전화: 051-517-6068
값: 12,000원

ISBN 979-11-91276-89-3 03810

* 이 책의 무단전재 및 복제행위는 저작권법에 의거, 처벌의 대상이 됩니다.